0001

0002

0003

0004

0005

0006

0007

0008

0009

0010

0011

0012

0013

0014

0015

0016

0017

0018

0019

0020

0021

0022

0023

0024

0025

0026

0027

0028

1

0029

0030

0031

0032

0033

0034

0035

0036

0037

0038

0039

0040

0041

0042

0043

0044

0045

0046

0047

0048

0049

0050

0051

0052

0053

0054

0055

0056

0057

0058

0059

0060

0061

0062

0063

0064

0065

0066

0067

0068

0069

0070

0071

0072

0073

0074

0075

0076

0077

0078

0079

0080

0081

3

0082

0083

0084

0085

0086

0087

0088

0089

0090

0091

0092

0093

0094

0095

0096

0097

0098

0099

0100

0101

0102

0103

0104

0105

0106

0107

5

0108

0109

0110

0111

0112

0113

0114

0115

0116

0117

0118

0119

0120

0121

0122

0123

0124 (all)

0125

0126

0127

0128

0129

6

0130

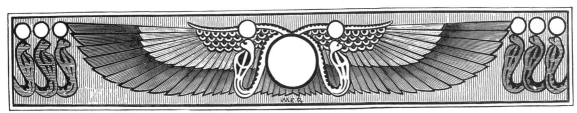

0131

0132

0133

0134

0135

0136

0137

0138

0139

0140

0141

0142

0143

0144

0145

0146

8

0147

0148

0149

0150

0151

0152

0153

0154

0155

0156

0157

0158

0159

0160

0161

0162

0163

0164

0165

0168

0166

0167

0169

0170

0171

0172

0173

0174

0175

0176

0177

0178

0179
0180
0181 (all)

0182

0183

0184

0185

0186

0187

0188

0189

0190

0191

0192

0193

0194

0195

0196

0197

0198

0199

0200

0201

0202

0203

0204

0205

0206

0207

0208

0209

0210

0211

0212

0213

0214

0215

0216

0217

0218

0219

0220

0221

0222

0223

0224

0225

0226

0227

0228

0229

0230

0231

0232

0233

0234

0235

0236

0237

0238

0239

13

0240

0241

0242

0243

0244

0245

0246

0247

0248

0249

0250

0251

0252

0253

0254

0255

0256

0257

0258

0259

0260

0261

0262

0263

0264

0265

0266

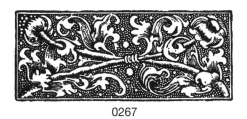

0267

0268

0269

0272

0270

0271

0274

0273

0275

0276

0277

0278

0279

0280

0281

0282

0283

0284

0285

0286

0287

0288

0289

0290

0291

0292

16

0293

0294

0295

0296

0297

0298

0299

0300

0301

0302

0303

0304

0305

0306

0307

0308

0309

0310

0311

0312

0313

0314

0315

0316

0317

0318

0319

0320

0321

0322

0323

0324

0325

0326

0327

0328

0329

0330

0331

0332

0333

0334

0335

0336

0337

0338

0339

0340

0341

0342

0343

0344

0345

0346

0347

0348

0349

0350

POST CARD

0351

0352

POST CARD

0353

0354

0355

0356

0357

0358

0359

0360

0361

0362

0363

0364

0365

19

0366

0367

0368

0369

0370

0371

0372

0373

0374

0375

0376

0377

0378

0379

0380

0381

0382

0383

0384

0385

0386

0387

0388

0389

0390

0391

0392

0393

0394

0395

0396

0397

0398

0399

0400

0401

0402

0403

0404

0405

0406

0407

0408

0409

0410

0411

0412

0413

0414

0415

0416

0417

0418

0419

0420

0421

0422

0423

0424

0425

0426

0427

0428

0429

0430

0431

0432

22

0433

0434

0435

0436

0437

0438

0439

0440

0441

0442

0443

0444

0445

0446

0447

0448

0449

0450

0451

0452

0453

0454

0455

0456

0457

0458

0459

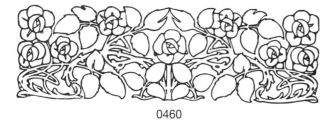

0460

0461

0462

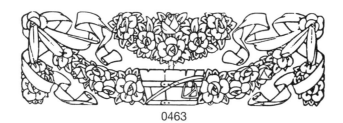

0463

0464

0465

24

0466

0467

0468

0469

0470

0471

0472

0473

0472

0475

0476

0474

0477

0478

0479

0480

0481

0482

0484

0485

0486

0483

0487

0488

0489

0490

0491

0492

0493

0494

0495

0496

0497

0498

0499

0500

0501

0502

0503

0504

0505

0506

0507

0508

0509

0510

0511

0512

0513

0514

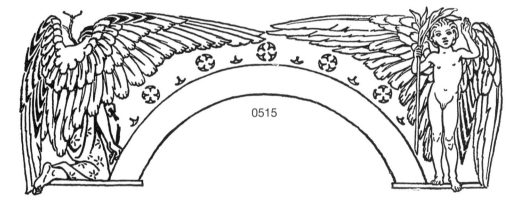

0515

0516

0517

0518

0519

0520

0521

0522

0523

0524

0525

0526

0527

0528

0529

0530

0531

0532

0533

0534

0535

0536

0537

0538

0539

0540

0541

0542

0543

0544

0545

0546

0547

0548

0549

0550

0551

0552

0553

28

0554

0555

0556

0557

0558

0559

0560

0561

0562

0563

0564

0565

0566

0567

0568

0569

0570

0571

0572

0573

0574

0575

0576

0577

0578

0579

0580

0581

0582

0583

0584

0585

0586
0587
0588
0589
0590
0591
0592
0593
0594
0595
0596
0597
0598
0599
0600
0601
0602
0603
0604
0605
0606
0607
0608
0609
0610
0611
0612
0613
0614
0615
0616
0617
0618
0619
0620
0621
0622
0623
0624
0625
0626
0627
0628
0629
0630
0631
0632
0633
0634
0635

30

0636

0637

0638

0639

0640

0641

0642

0643

0644

0645

0646

0647

0648

0649

0650

0651

0652

0653

0654

0655

0656

0657

0658

0659

0660

0661

0662

0663

0664

0665

0666

0667

0668

0669

0670

0671

0672

0673

0674

0675

0676

0677

0678

0679

0680

0681

0682

0683

0684

0685

0686

0687

0688

0689

0690

0691

0692

0693

0696

0694

0695

0697

0698

0700

0699

0701

0702

0703

0704

0705

0706

0707

0708

0709

0710

0711

0712

0713

33

0714

0715

0716

0717

0718

0719

0720

0721

0722

0723

0724

0725

0726

0727

0728

0729

0730

0731

0732

0733

0734

0735

0736

0737

0738

0739

0740

0741

0742

0743

0744

0745

0746

0747

0748

0749

0750

0751

0752

0753

0754

0755

0756

0757

0758

0759

0760

0761

0762

0763

0764

0765

0766

0767

0768

0769

0770

0771

0772

0773

0774

0775

0776

0777

0778

0779

0780

0781

0782

0783

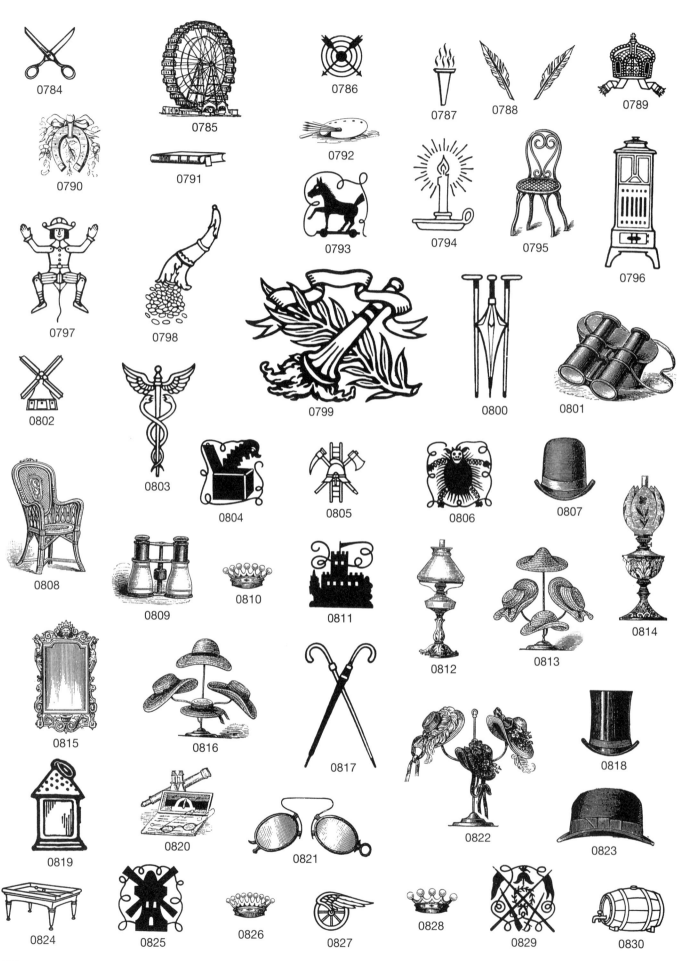

0784
0785
0786
0787
0788
0789
0790
0791
0792
0793
0794
0795
0796
0797
0798
0799
0800
0801
0802
0803
0804
0805
0806
0807
0808
0809
0810
0811
0812
0813
0814
0815
0816
0817
0818
0819
0820
0821
0822
0823
0824
0825
0826
0827
0828
0829
0830

0831

0832

0833

0835

0836

0837

0834

0838

0839

0840

0841

0842

0843

0844

0847

0845

0846

0848

0849

0050

0851

0852

0853

0854

0855

0856

0860

0857

0858

0859

0861

0862

0863

37

0864

0865

0866

0867

0868

0869

0870

0871

0872

0874

0873

0875

0876
0877 (all)

0878

0879

0880

0881

0882

0883

0884

0885

0886

0887

0888

0889

0890

0891

0892

0893

0894

0895

0896

0897

0898

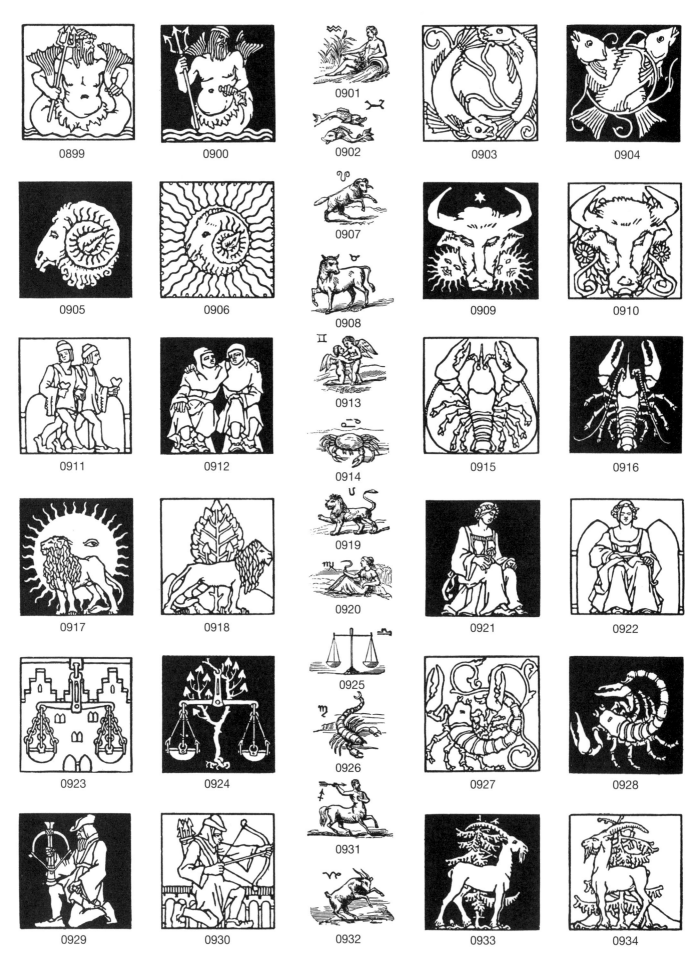

0899

0900

0901

0903

0904

0905

0906

0907

0909

0910

0911

0912

0913

0915

0916

0914

0917

0918

0919

0921

0922

0920

0923

0924

0925

0927

0928

0926

0929

0930

0931

0933

0934

0932

0935

0936

0937

0938

0939

0940

0941

0942

0943

0944

0945

0946

0947

0948

0949

0950

0951

0952

0953

0954

0955

0956

0957

0958

0959

0960

0961

0962

0963

0964

0965

0966

0967

0968

0969

0970

0971

0972

0973

0974

0975

0976

0977

0978

0979

0980

0981

0982

0983

0984

0985

0986

0987

0988

0989

0990

0991

0992

0993

0994

0995

0996

0997

0998

0999

1000

1001

1002

1003

1004

1005

1006

1007

1008

1009

1010

1011

1012

1013

1014

1015

1016

1017

1018

1019

1020

1021

1022

1023

1024

1025

1026

1027

1028

1029

1030

1031

1032

1033

1034

1035

1036

1038

1037

1039

1040

1041

1042

1043

1044

1045

1046

1047

1048

1049

1050

1051

1052

1053

1054

1057

1055

1056

1058

1059

1060

1061

1062

1063

1064

1065

1066

1067

1068

1069

1070

1071

1072

1073

1074

1075

1076

1077

1078

1079

1080

1081

1082

1083

1084

1085

1086

1087

1088

1089

1090

1091

1092

1093

1094

1095

1096

1097

1098

1099

1100

1101

1102

1103

1104

1105

1106

1107

1108

1109

1110

1111

1112

1113

1114

1115

1116

1117

1118

1119

1120

1121

1122

1123

1124

1125

1126

1127

1128

1129

1130

1131

1132

1133

1134

1135

1136

1137

1138

1139

1140

1141

1142

1143

1144

1145

1146

1147

1148

1149

1150

1151

1152

1153

1154

1155

1156

1157

1158

1159

1160

1161

1162

1163

1164

1165

1166

1167